U0657741

图书在版编目（CIP）数据

运河长歌 ：听镇水兽讲历史 / 欧敏，欧艳著 ；武晨绘. -- 北京 ：北京科学技术出版社，2025. -- ISBN 978-7-5714-4626-0

Ⅰ . K928.42-49

中国国家版本馆 CIP 数据核字第 2025Y3W091 号

策划编辑：吕梁玉
责任编辑：金可砺
图文制作：天露霖文化
责任印制：李　茗
出 版 人：曾庆宇
出版发行：北京科学技术出版社
社　　址：北京西直门南大街 16 号
邮政编码：100035
电　　话：0086-10-66135495（总编室）
　　　　　　0086-10-66113227（发行部）
网　　址：www.bkydw.cn
印　　刷：雅迪云印（天津）科技有限公司
开　　本：710 mm × 1000 mm　1/16
字　　数：62 千字
印　　张：5
版　　次：2025 年 6 月第 1 版
印　　次：2025 年 6 月第 1 次印刷
审 图 号：GS（2025）1391 号
ISBN 978−7−5714−4626−0

定　　价：88.00 元

京科版图书，版权所有，侵权必究。
京科版图书，印装差错，负责退换。

听镇水兽讲历史

运河长歌

欧　敏　欧　艳 ◎ 著

武　晨 ◎ 绘

北京科学技术出版社
100 层童书馆

初夏的傍晚，在北京什刹海附近的万宁桥下，同舟正趴在岸边的石兽身上，小心翼翼地把刚折好的纸船放入河中。

然而，在他期待的目光中，纸船先是歪倒，而后开始慢慢下沉。"我的船！"眼看纸船即将沉没，同舟慌忙伸出手想要去捞它，却没意识到，他的大半个身子几乎要掉进河里了。

万宁桥

位于北京市西城区地安门外大街，是北京中轴线上的重要节点，始建于元代，至今已有700多年历史。万宁桥是一座单体石拱桥，它最大的特点就是桥闸一体，桥下是水闸，通过提放水闸，可以调节水位，方便行船。这座古老的桥梁见证了大运河的兴衰，也承载着北京城市发展的历史记忆。

千钧一发之际，同舟脖子上戴着的铜钱吊坠勾住了石兽头上的角，绳子一下子挣断了，铜钱从他胸前飞了出去，那可是爷爷送给他的宝贝！

哎呀！

叮！铜钱掉落在石兽头上，发出了一声清脆的响声。伴随着这声脆响，石兽猛然睁开了双眼，随即腾空而起，托起同舟，将他送至安全的地方。

等同舟反应过来，他才看清眼前居然站着一只蓝绿色的神兽，正气呼呼地看着他。只见这只神兽朝河中轻轻吹了一口气，同舟的纸船便神奇地飘到它的手中。

喂——小孩！你知道你刚刚的行为很危险吗？你已经不是第一次这样玩儿了！

你、你你你你你……你是谁？

你刚刚还趴在我的身上，这会儿就不认识我了啊。

你、你是那只石兽？

什么石兽！我可是大名鼎鼎的镇水兽蚣蝮（gōng fù），是名副其实的龙族后代！

蓝绿色的神兽拍了拍身上的灰尘，开始自报家门。原来，眼前的神兽是龙的儿子——蚣蝮的后代。在龙的众多儿子中，蚣蝮是最喜欢水的那一个。"在很久很久以前，我爷爷因为违反了天规，被贬下凡，压在沉重的龟壳下守护了大运河1000年。"

蚣蝮又颇为自豪地说："后来，我爷爷因守护大运河有功，被正式封为镇水兽。自那以后，我们家族就一直守护在这里。"

镇水兽

镇水兽是中国古代神话与建筑文化中的独特存在，多为石雕或铜铸。它们形态各异，常置于桥梁、河岸或宫殿水系旁。镇水兽多以牛、犀、蚣蝮为原型，寓意镇水辟邪、守护安宁。它们不仅是古代工匠智慧与艺术的结晶，也体现了古人对自然力量的敬畏，寄托了古人祈求风调雨顺的美好愿望。

在一代又一代蚣蝮的守护下，
大运河繁荣了上千年。

在绵延千里、历史悠久的大运河沿岸，在座座
繁华或宁静的城市之中，它们的身影几乎无处不在。

它们或趴在桥头显眼的位置，威严地守望着过
往的行人与船只；或静卧于岸边，与波光粼粼的河
水相映成趣。

就连北京城里的故宫和天坛中，以蚣蝮为原型的石雕也随处可见。它们往往镶嵌在皇家建筑的排水系统中，寓意驱邪避灾、守护安宁。

同舟认真打量着眼前这只神兽，内心变得不再害怕。"大运河？"看着眼前平静的河水，同舟不免有些疑惑，"你是说，这条河是大运河？"

蚣蝮点了点头，眼中闪过一丝失落："是啊，大运河，它曾经多么辉煌。时间过去了这么久，或许了解它的人也越来越少了。"

同舟察觉到了这只小神兽对大运河深沉的关切与爱护，连忙说道："嘿！蚣蝮，那你愿意给我讲讲大运河的故事吗？"

"我？大运河……"蛦蝮仿佛被点醒了一般，提起大运河，他有好多好多话想说。

大运河静静流淌，如同大地的脉搏一样，无声却有力。

大运河的水穿过蜿蜒（wān yán）的山谷、辽阔的平原，灌溉着农田，养育着万物。

大运河也会从人们居住的城市穿过。人们在运河边洗衣服、洗菜、嬉戏，在运河上划着船来来往往，进行商业贸易。它是一条用水铺成的路，默默滋养着生活在运河两岸的人。

"故事还要从我的爷爷刚被贬到人间时讲起。"蚣蝮轻轻挥动衣袖，同舟的眼前瞬间雾气弥漫。恍惚间，他感觉自己飘了起来。再一睁眼，同舟被眼前的景象惊呆了。

吴王夫差

"别怕，这是公元前 486 年。"耳边传来蚣蝮的声音，同舟这才回过神来。原来他跟着蚣蝮一起穿越了！

眼前这位威风凛凛的人物，是吴国的君主夫差。

春秋时期，各诸侯国之间互相攻伐兼并，战争连绵不断。当时，吴国为了攻打北方的齐国，需要调动军队和大量粮草，并运送到北方去。

吴国位于长江下游，那里河网密布。吴国的优势就是拥有强大的水军和数量可观的战船，因此水路运输是一个很好的选择。蚣蝮家族与大运河的故事，也由此开始了……

看，那就是我爷爷！他正在人间奔走。

当时长江和淮河之间没有水路，如果想通过水上通道北上伐齐，就只能先由长江出发到达东海，再从海上绕入淮河。这样不仅航程过长，容易错失战机，而且海上风狂浪急，充满了危险。

因此，吴王夫差决定利用境内湖泊相互邻近的条件，分段开凿河沟，再将各个湖泊连接起来，从而形成一条完整的河道，直通淮河。于是，夫差下令在今天扬州城外的位置大兴土木，建造了一座邗（hán）城，并下令由此开凿运河，这条运河就是邗沟。

邗沟

中国最早见于明确记载的古运河，位于今天的江苏境内。

利用这条长约 150 千米的邗沟，吴国大军顺利进入淮水，一举打败了齐国。

春秋·邗沟示意图

公元前 361 年，魏国的君主魏惠王雄心勃勃，想要称霸中原，于是迁都大梁（今河南开封），建造起一座坚不可摧的都城。

就在迁都的第 2 年，为了农业、商业的发展及运兵需要，魏惠王又以大梁为中心，大兴水利，开凿了一条连接黄河与淮河的运河——鸿沟。

鸿沟

中国著名的古运河之一，位于今天的河南境内。

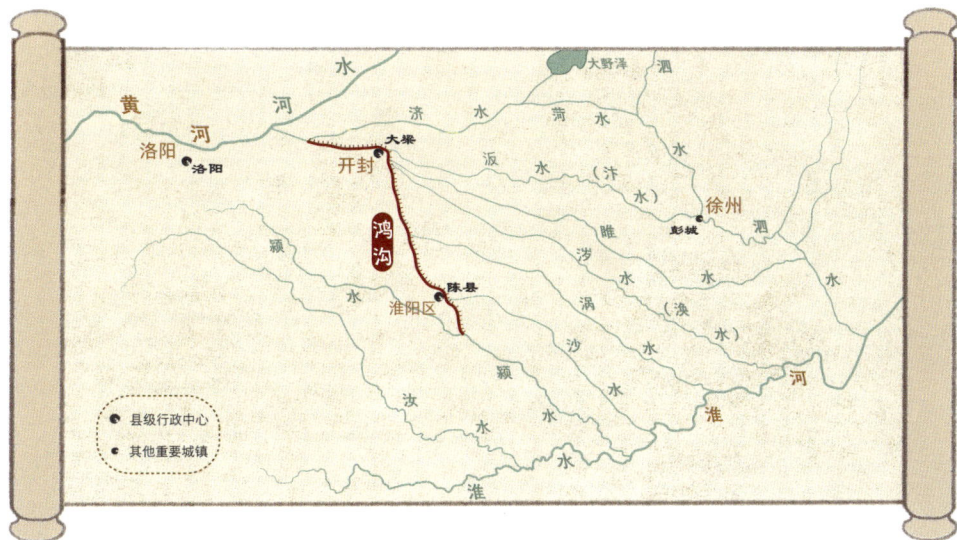

战国·鸿沟示意图

天哪！没想到运河对于一个国家来说这么重要！

不过，我听爷爷说，后来强大的秦国开始了统一六国的战争，鸿沟也成了魏国致命的软肋。

啊？这是怎么回事？

大梁城非常坚固，秦军久攻不下，于是秦军将领王贲（bēn）下令开渠，引黄河与鸿沟之水灌入大梁城。在被水浸泡 3 个月之后，大梁的城墙土崩瓦解，很快就被秦军攻破了。

秦

话音刚落，蚣蝮就再次带着同舟腾空而起。风声在同舟的耳旁呼啸，云雾遮住了他的眼睛。不过很快，他们就再次停了下来。同舟从空中俯瞰，地面上的人只有蚂蚁般大小。他们忙忙碌碌，有的手持铁锹，一铲一铲地挖掘着土石；有的肩扛木桩，步履蹒跚地向前行进。

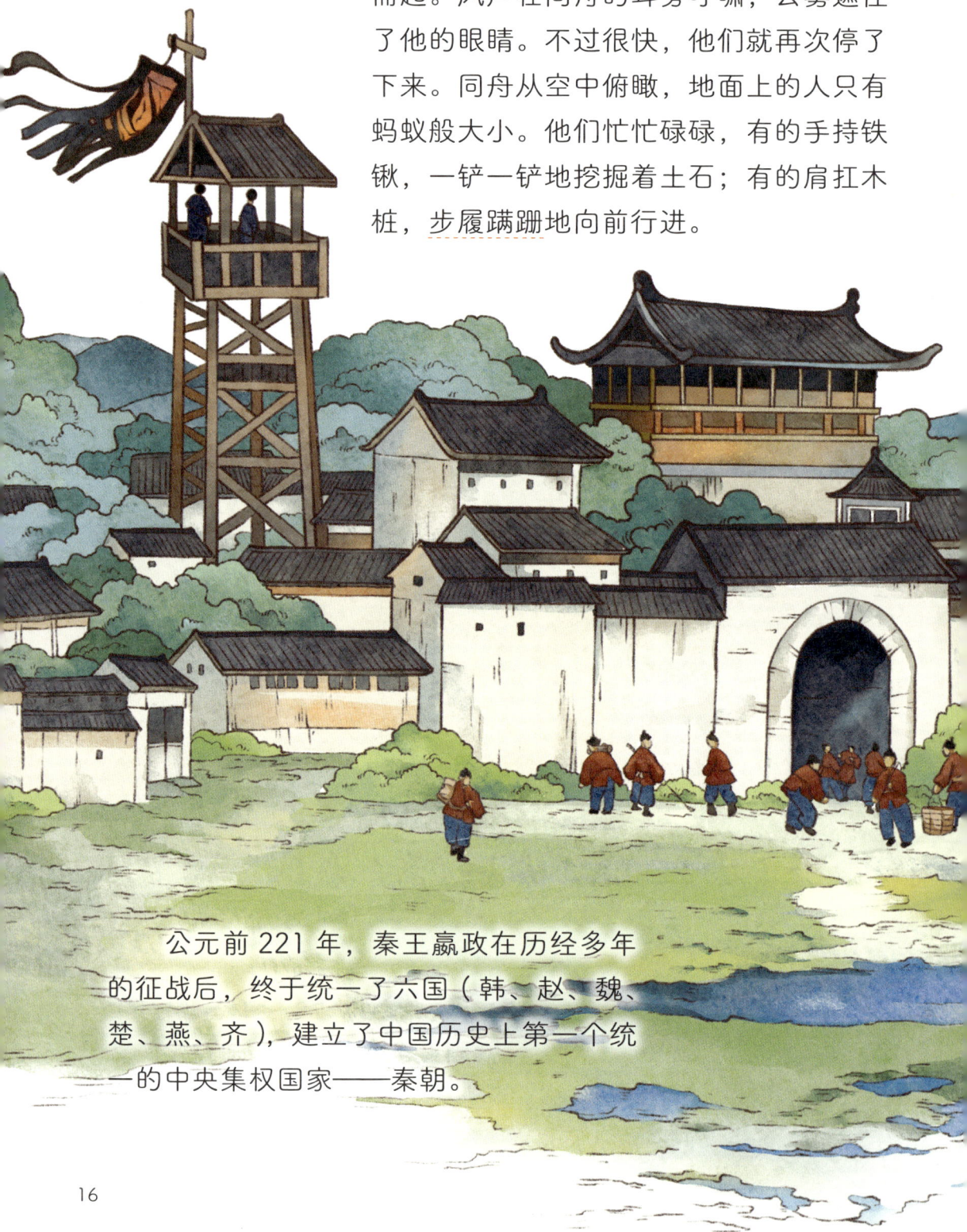

公元前 221 年，秦王嬴政在历经多年的征战后，终于统一了六国（韩、赵、魏、楚、燕、齐），建立了中国历史上第一个统一的中央集权国家——秦朝。

为了巩固这来之不易的统一局面，并进一步加强对全国的控制与治理，秦始皇实施了一系列重大的基础设施建设工程，其中当然也少不了运河的修建。

这是秦王嬴政统一后的天下。

这、这是……

灵渠

古称秦凿渠，位于今天的广西境内。灵渠的凿通使得大批粮草可经水路运往岭南。有了充足的物资供应，秦军兵锋凌厉、势如破竹，迅速将岭南正式纳入秦王朝的版图。

他下令在湘江与漓（lí）江之间修建著名的灵渠，以沟通岭南地区的水系。灵渠连接了长江水系与珠江水系，使北方的物资能够更便捷地运往南方。

此外，秦始皇还派遣 3000 名囚犯，在江南地区日夜不休地挖掘出一条新的水道，以连通长江与太湖流域。因为挖掘这条水道的主力是那些身着红褐色囚衣的囚犯，这条运河便被人们称为"丹徒水道"。

丹徒水道

中国古代重要运河段，位于今江苏镇江。丹徒水道呈一个大"Z"字形，有"长江水道的咽喉"之称。

秦·丹徒水道和灵渠示意图

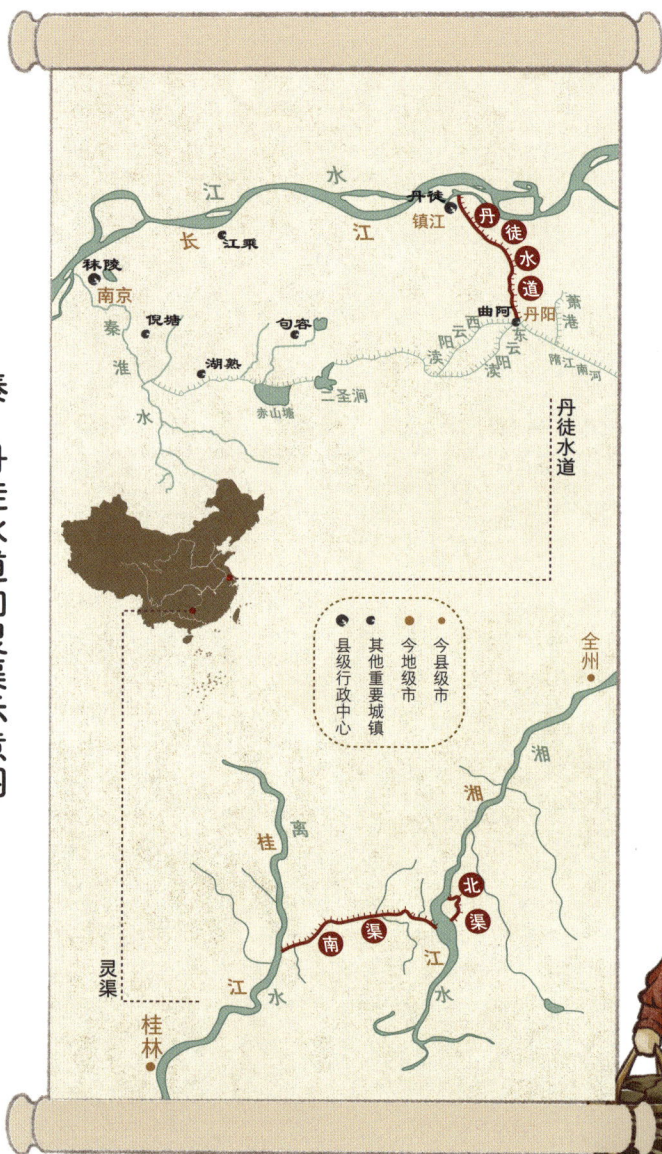

此外，秦始皇还下令疏通和扩建了当年魏惠王修建的鸿沟。工匠与劳役们夜以继日地劳作，清除淤泥，加固堤坝，使鸿沟的水流更加顺畅，其承载能力大幅提升。

从此，大量的粮食、物资得以沿着这条生命之河，自东向西、源源不断地被运往秦朝的首都咸阳。这不仅解决了都城的粮食问题，也极大地促进了各地之间的物资交流与经济繁荣。

不过，秦朝好像很快就灭亡了，对吧？

没错，你知道得还挺多嘛！我也没想到，曾经辉煌一时的秦朝这么快就因种种内忧外患而倾覆。但是我爷爷并未离开，他一直驻守在鸿沟两岸。很快，他就见证了一场空前的对峙。

在秦末的动荡中，两位杰出的领袖人物——汉王刘邦与楚王项羽，逐渐崭露头角，成了争夺天下霸权的主角。

为了划分势力范围，双方约定以鸿沟为界，鸿沟以西归汉王刘邦所有，以东则属于楚王项羽的势力范围。

这一分界不仅是对地理空间的划分，更成了"楚汉之争"的标志性事件，预示着一场旷日持久的较量拉开序幕。

在接下来的岁月里，刘邦与项羽展开了多次激烈的战斗，双方斗智斗勇，各有胜负。

然而，命运的天平最终倾向了刘邦一方。在垓（gāi）下之战中，项羽遭遇了决定性的失败。面对着四面楚歌、军心涣散的困境，这位昔日的西楚霸王不得不含恨自刎（wěn），结束了自己传奇而悲壮的一生。

随着项羽的陨落，刘邦成功扫清了统一道路上的最后障碍，建立了汉朝。汉朝延续了数百年，开启了中国历史上的一个新纪元。

鸿沟，这条曾经作为楚汉分界线的河流，也因其承载的厚重历史底蕴而成为后世传颂的佳话。

楚王项羽

汉王刘邦

西汉

到了西汉初期，为了<u>休养生息</u>、<u>恢复国力</u>，朝廷大多沿用前人已经挖掘好的运河。"我爷爷也是在这个时候休息了一段时间，在各条运河间巡游。"蚣蝮缓缓地讲述着。

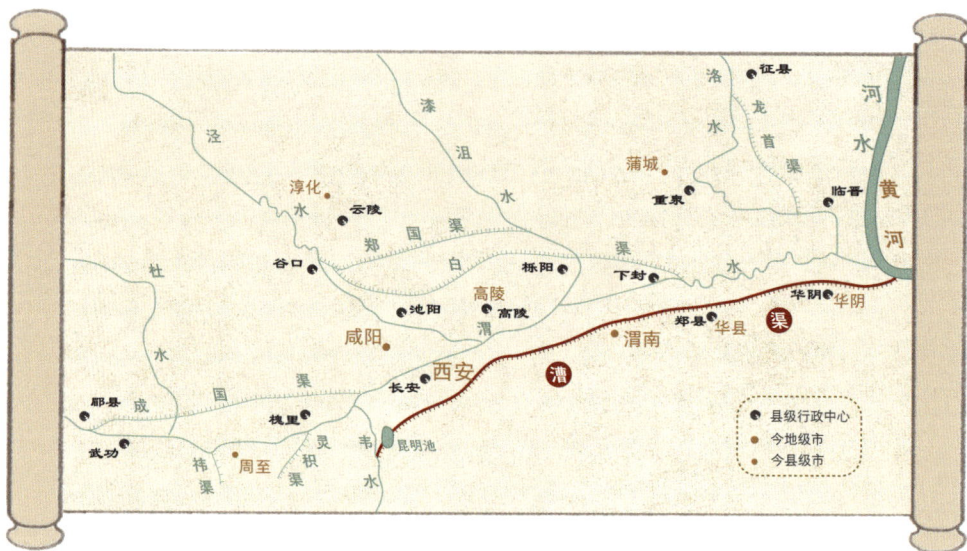

西汉·漕渠示意图

汉武帝刘彻

漕渠

位于关中平原的古运河。汉武帝时期，国力强盛，人口增长，渭河由于河道蜿蜒曲折、水流宽浅，航行不便，导致运输效率不高，不能满足需求。于是，汉武帝下令在渭水南岸开凿一条人工运河，西起长安南，东至潼关，汇入黄河，史称漕渠。

"但很快，爷爷的新任务就来了。"汉武帝时，国库充足，社会繁荣富庶。公元前129年，汉武帝决定痛击匈奴，彻底解决北方边患问题。然而，当时渭河的运力十分有限，汉军的粮食和物资无法通过水路迅速运送到前线。当时，有官员建议修建一条平行于渭河的人工运河。3年后，在渭水南侧，一个超级工程——漕渠横空出世了！

东汉末年，时局动荡，群雄并起，魏王曹操统一了中国北方。他不仅在军事上运筹帷幄，还在水利建设上颇费苦心。他深知水路运输对于军事补给和物资调配的重要性，因此，决定沿着黄河流经的方向，开凿一系列运河。

这些运河包括睢（suī）阳渠、白沟、平虏（lǔ）渠、泉州渠、新河以及利漕渠，共计 6 条，极大地促进了区域间的经济交流与物资运输，为曹操的军事行动提供了有力的后勤保障。

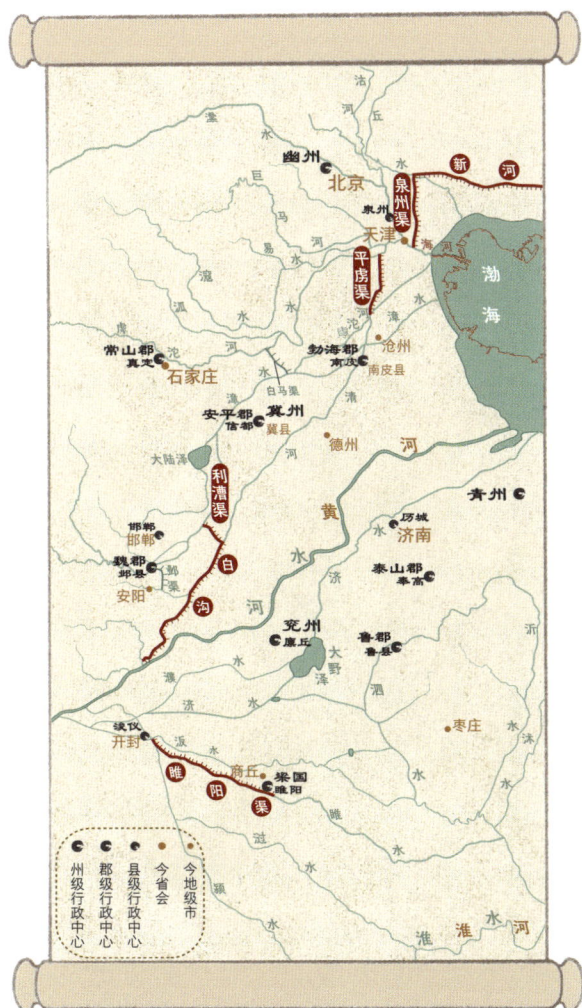

魏王曹操

在这 1000 年里，我爷爷从只需守护小小的邗沟到跨越大半个中国，守护各处运河。虽然守护运河的任务变得愈发繁重，但他却充满了自豪感。

东汉·曹操主持修建的 6 条运河示意图

隋

1000 年终于过完了。蚣蝮的爷爷完成任务，回到了天上。大运河上依旧繁忙，于是蚣蝮的爸爸来到人间，接替爷爷继续守护大运河。

同舟继续跟着蚣蝮穿行云间，在历史的长河中顺流而下。

"好大的船啊！"同舟不由得惊叹道。

"那当然，这可是只有皇帝才能坐的船。啊不，不叫船，叫龙舟！"蚣蝮一脸严肃。

"我爸爸来到人间时，正值公元 605 年。当时，隋炀帝刚刚下令修建运河。"隋炀帝征用了上百万人，仅用了 171 天的时间，便在鸿沟的基础上，挖成了 2000 多里长的通济渠，连通了黄河与淮河。

24

我爸爸一到人间就变得非常忙碌，因为当时隋炀帝杨广正在"疯狂"地下令开凿运河。

通济渠的水面开阔极了，两岸还种满了榆树和柳树。隋炀帝能够乘着他的专属"大船"——龙舟，从洛阳顺着运河一路畅通无阻地来到扬州，欣赏沿途的风光。

"你看，那就是我爸爸！"顺着蚣蝮手指的方向，同舟注意到龙舟两侧，有很多人在用力拉纤绳。"咦，他们这是在干什么？"蚣蝮略显无奈地说："龙舟就像一座水上宫殿，非常庞大，运河上的风力并不能完全带动它，所以需要很多挽船士在岸边使用人力拉动龙舟前行。"

通济渠

隋唐大运河的首期工程，连接黄河与淮河，连通洛阳与扬州。通济渠长 2000 多里，每隔两个驿站就设有一座行宫，沿岸总共有 40 多座行宫。

山阳渎

因流经山阳（今江苏淮安）而得名。山阳渎连接淮河与长江，连通淮安与镇江。

除了通济渠，同一时间，隋炀帝还征用了十多万人，在古邗沟的基础上开通了山阳渎（dú）。

同舟惊讶地说:"隋炀帝修了好多好多运河啊!"

"是啊,隋炀帝当政时,我爸爸真的很忙!"蚰蜒顿了顿,"不过,看着一条条运河不断被打通,他也真的很欣慰。"

通济渠和山阳渎开通以后,从洛阳乘船可以直达长江。可隋炀帝觉得还不够,想让运河跨过长江,继续向南延伸。

于是，没过两年，隋炀帝又下令对长江以南的运河古道进行全面整修与疏浚（jùn）。

这段运河利用了旧运河，因此工程量相对较少。工匠们不辞辛劳，很快就使这条古老的水道焕发了新的生机。江南运河诞生了，隋炀帝的龙舟可以从江苏镇江一路驶到浙江杭州。

江南运河

因全部在长江以南而得名。江南运河从京口（今江苏镇江）引水穿过太湖流域，直达钱塘江边的余杭（今浙江杭州），连接了长江与钱塘江两大水系。江南运河始建于春秋战国时期，经过历代开凿、疏浚，至隋炀帝大业六年（610年），通过重新疏凿和拓宽长江以南运河古道而最终成型。

隋炀帝为开拓边疆将涿（zhuō）郡（今北京）作为征辽的军事基地，因而急需开凿一条通往涿郡的水路。他下令征调河北等地的民夫，沿着曹操当年挖掘的运河，修建了永济渠。

永济渠历时一年便宣告完成。建成之后，北方的粮帛（bó）得以入京；永济渠同时也承担了繁忙的运送军队的任务。隋炀帝自江都（今江苏扬州）乘龙舟沿运河北上，从南到北进行了大巡游，最后抵达涿郡。

永济渠

在通济渠、山阳渎之后，隋炀帝决定在黄河以北再开凿一条运河，即永济渠。永济渠起始于洛阳，北达涿郡，沟通黄河流域与海河流域。永济渠是隋朝调运粮食的主要渠道，也是输送人员与战备物资的运输线。它不仅加强了南北之间的经济联系，更在政治、军事上起到了关键作用，成为维护国家统一的重要交通动脉。

永济渠不仅连接了南北水系，更为隋炀帝本人铺设了一条水上通途，让他可以坐着龙舟由通济渠到永济渠，再一路北上。

隋炀帝只用了 5 年时间，就将海河、黄河、淮河、长江、钱塘江这 5 大水系连成了一片。这些运河最终形成了隋朝大运河。隋朝大运河北通涿郡（今北京），南达余杭（今浙江杭州），是世界最长的古运河。

隋朝大运河示意图

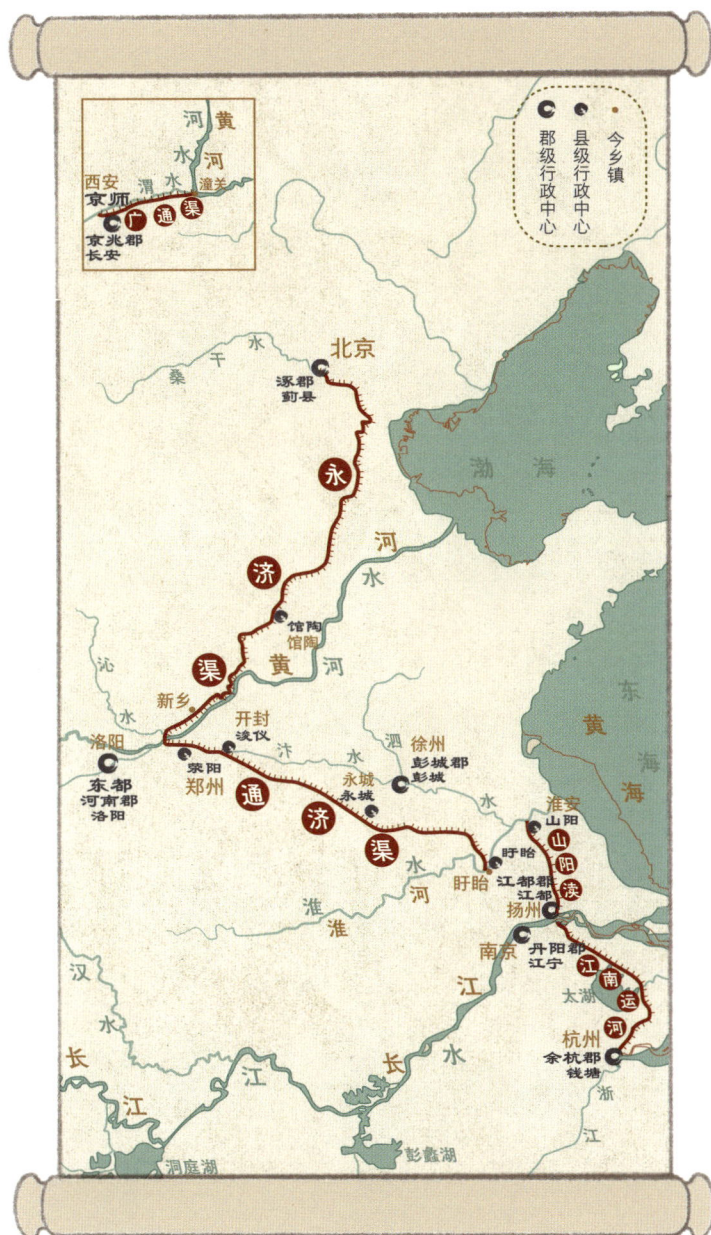

蚰蜒的爸爸见证了这一切。他惊讶极了，这可是前面那么多朝代的帝王加在一起都没能做到的壮举。然而，无数的隋朝人为了修建运河失去了宝贵的生命，隋炀帝也因为暴政失去了民心，隋朝很快就灭亡了。

让隋朝人受尽苦难的大运河，却为之后的唐宋两朝带来了前所未有的繁荣与昌盛。

唐玄宗时期，唐朝的国都长安，这座当时世界上最繁华的都市之一，却时常面临着饥荒的威胁。由于长安城内人口众多，而本地粮食产量有限，无法满足日益增长的粮食需求。

为了有效缓解这一困境，唐玄宗下令在大运河沿岸重启并再建了一系列粮仓。在这些粮仓之中，含嘉仓以其规模宏大、管理严谨、储粮丰富而最为著名。

含嘉仓

中国古代最大的粮仓，位于今河南洛阳老城区的北侧。始建于隋朝，从唐朝开始大规模储粮，后成为国家的大型粮仓。经现代考古证实，含嘉仓面积有40多万平方米，有数百个粮窖。大窖可储粮1万石以上，小窖也可储粮数千石，含嘉仓因此被誉为"天下第一大仓"。

含嘉仓位于洛阳城内，便于粮食的快速集散与转运。它采用了当时先进的防潮、防鼠、通风技术，确保粮食能长期安全储存。其储量之大，足以支撑长安及洛阳两大都市在饥荒年间的粮食需求。朝廷每年靠着大运河从江淮一带运来粮食，并储存在这些粮仓中以备不时之需，"开元盛世"因此得以维持。

到了北宋，得益于发达的水运系统，特别是纵横交错的运河网络，国都汴（biàn）京（今河南开封）的粮食供应得到了充分的保障。据史料记载，当时通过运河运送的漕粮一年最多可达 800 万石。

你找到我爸爸了吗？他也在画里。

张择端的传世名画《清明上河图》就再现了漕船通过运河一路进入汴京城的场景。

古朴的虹桥横跨河面，桥上人来人往，车水马龙。一艘满载货物的漕船因操作不慎，即将撞上桥梁。船夫们惊慌失措，奋力撑篙（gāo）试图转向。桥上行人纷纷驻足，或惊呼，或躲避，场面一时紧张至极。

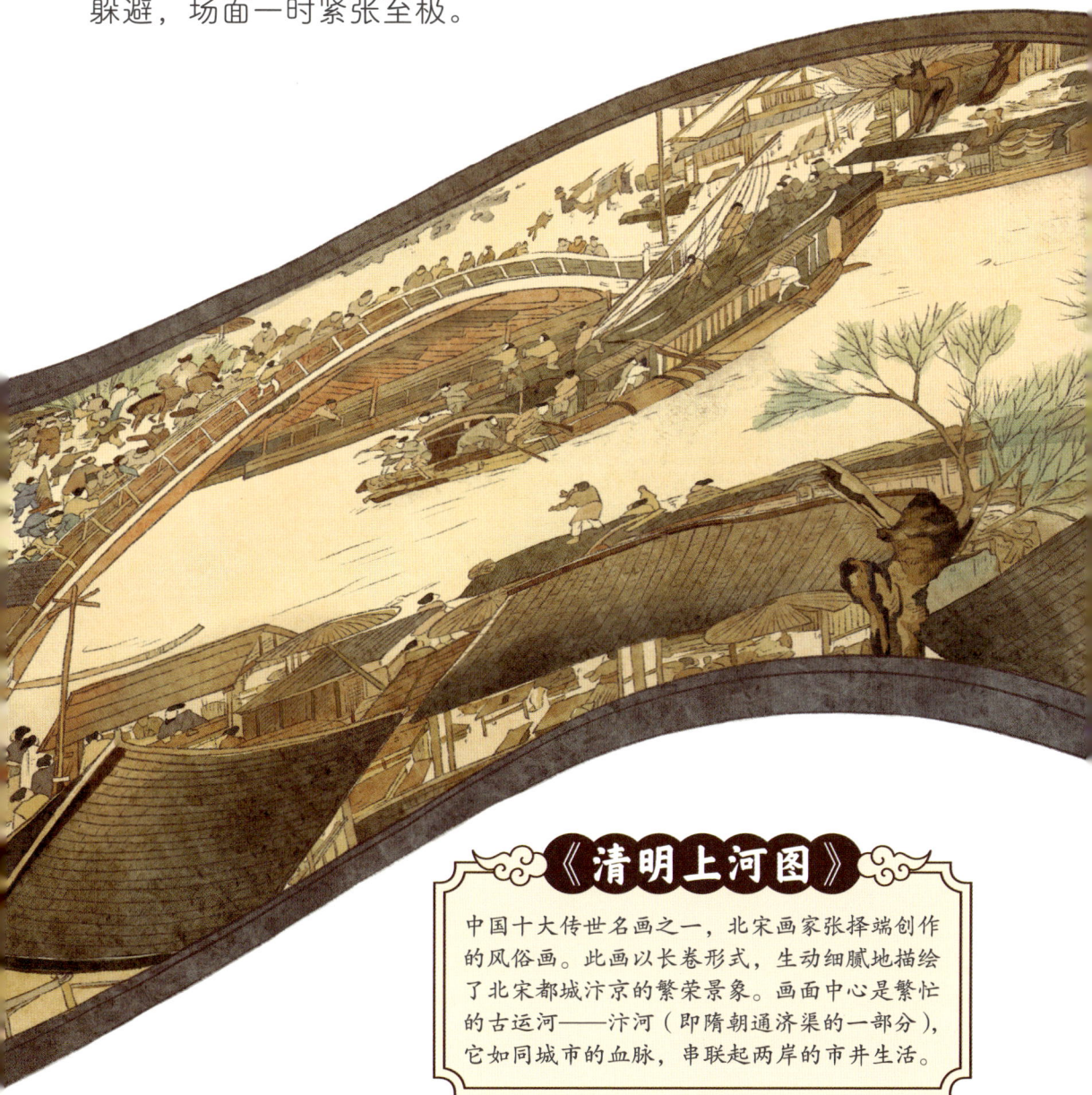

《清明上河图》

中国十大传世名画之一，北宋画家张择端创作的风俗画。此画以长卷形式，生动细腻地描绘了北宋都城汴京的繁荣景象。画面中心是繁忙的古运河——汴河（即隋朝通济渠的一部分），它如同城市的血脉，串联起两岸的市井生活。

公元 1271 年，来自北方大草原的蒙古族人建立了元朝，并定都大都（今北京）。

为了方便将南方的粮食运输到大都，元世祖忽必烈听从了水利专家郭守敬的建议，不仅将大运河从南到北都凿通了，还开凿了一条从通州到大都的通惠河，使北上的船只可以从杭州一路直抵大都城内。

元世祖忽必烈

郭守敬

郭守敬

元朝著名天文学家、数学家、水利专家。元朝建立不久，郭守敬受到元世祖忽必烈的召见。元世祖任命他掌管各地河渠的整修和管理工作。大都兴建期间，水利设施也多出自他的规划。通惠河的设计开凿是郭守敬为大都水利开发做出的最重要贡献。

元·通惠河示意图

大都城

南城

通州

通惠河

北运河

县级行政中心
其他重要城镇

通惠河

郭守敬巧妙地引昌平白浮泉等泉水，使其汇入瓮（wèng）山泊（今昆明湖），再将其引入大都积水潭（今什刹海），以此接济漕运。鉴于这条河道在漕运上的重要作用，元世祖忽必烈为其赐名"通惠河"，寓意为通航运、惠民生。通惠河使京杭大运河的"最后一公里"畅通无阻。至此，运粮的漕船、往来的商船可直达北京城内的积水潭。

在元代漕运的鼎盛时期，朝廷打造了 8000 多艘漕船。这些漕船每天川流不息地把自江南而来的漕粮运到积水潭码头。积水潭码头成为京杭大运河的终点码头，来自全国的货物在这里集散，码头附近有猪市、牛羊市、煤市、绸缎市、花市等各类市场，可谓盛况空前。

积水潭码头

元代漕运的终点码头，在通惠河航运的鼎盛时期，江南漕船可以循河而上，驶入大都，停泊在积水潭码头。当时的积水潭"汪洋如海"，周围既有繁华的贸易市场，又有多处风景名胜，颇具江南水乡的风貌。来自全国的货物在积水潭码头集散，更是出现了"舳舻（zhú lú）蔽水"的空前盛景。

同舟和蚣蝮身处的万宁桥闸桥一体，既是积水潭的东口控制闸，又是漕船进入积水潭码头的最后一道关卡。所有溯（sù）流而上的江南船只，都要由此闸口进出。

听我爸爸说，那时停泊在河上的船多到能把整个河面都盖住。

明

　　到了明朝，明太祖朱元璋定都南京。永乐年间，明成祖朱棣又迁都北京，并下令修建紫禁城。一时间，大运河上千帆竞发，好不热闹。

一批批巨木、砖瓦、石料，一袋袋大米、食盐、茶叶，一箱箱棉布、丝绸、瓷器……不论是<u>至高无上</u>的皇帝，还是普通的平民百姓，北京城里每个人所需要的物资都乘着船只沿运河北上，源源不断地流向北京，故有"大运河漂来紫禁城"之说。

大运河漂来紫禁城

紫禁城作为中国最为辉煌的工程，集结了当时全国各地最好的工匠和天下各种珍奇名贵的材料。修建紫禁城所用的木材是产自西南深山之中的珍贵楠木，光是砍伐就得费一番周折。之后，再运到山沟里编成木筏，待雨季到来、水涨船高之时，工人引木筏入江河，沿江而下进入运河。进入运河后再由纤夫协助，一路拉进京城。修建紫禁城专用的青砖则来自山东、河南、江苏等地。青砖烧制好后统一封装，再由船只搭载沿运河北上。大运河就好像现在的铁路，负担着主要的交通功能，确保来自原产地的材料能够完好地运到北京。

1000 年快到的时候，爷爷派我来接替爸爸的工作。我来到人间的第一站是杭州的拱宸桥。

在这里，我见到了第 6 次来江南巡视的乾隆皇帝，我爸爸在护送的队伍中。

那你是什么时候来到人间的呢？

漕运对于一个国家，就如同血管对于人一样重要。为了保证这条生命线的畅通，清政府定期疏浚河道、整修河堤，每年都要花费大量的银钱来维护大运河。

为了更好地了解大运河的实际情况，乾隆皇帝和他的爷爷康熙皇帝，都曾 6 次沿着大运河一路南巡。

清

乾隆帝六巡江南

乾隆帝一生中曾六次南巡，目的是观民察吏、巡视河工、减免税赋、阅兵祭陵等。为了南巡，乾隆帝每次都会带领庞大的队伍，包括后宫嫔妃、王公大臣、侍卫随从等，有数千人。南巡的行程也安排得十分周密，陆路和水路所需的马匹、大车、船只均十分齐备，还从北京到杭州沿途建造了十几座行宫。

41

那一年，京城发生大旱，急需从南方调运漕粮。

漕军们将从百姓们那儿收来的粮食包好，装入船中。这些粮食全都经过严格的检查，每一粒米都必须保证干净和圆润。每艘漕船除了漕粮，还装上了灯草、蚕豆、花露酒和上百斤的干鱼，这些浙江本地的特产运到北方可以卖个好价钱。

守护完乾隆帝的第6次南巡后，爸爸就正式完成了他的使命，我也迎来了属于自己的第一次护航。

在一个晴朗的冬日，迎着初升的朝阳，1000 多艘漕船从杭州出发了，有人站在船头高兴地唱了起来："杭州码头装大米，一纤拉到北京城哟——"

漕粮

中国古代封建王朝通过河道运输征收的公粮。漕运主要以运粮为主，尤其是没有脱壳的稻米，有时也运送各地的特产贡品。在漕运的过程中，还涉及一些私货的交易。官府允许船帮水手随船捎带货物，并在沿途贩卖。

43

江苏 · 苏州

　　天气越来越冷，河面上飘着浓浓的雾。船队小心翼翼地行驶着，终于抵达素有"运河第一钞关"之称的苏州浒墅（xǔ shù）钞关。

　　运河上过往的船只须在此停泊，并缴纳相应的船税与货物税。对于航行在运河上的商船而言，浒墅钞关只是他们北上途中要经过的众多钞关之一，每过一处，都意味着要完成一次例行的手续并支出相应的费用。

"上有天堂，下有苏杭。"白皑皑的瑞雪厚厚地压在房檐上、柳枝上，整个城市就像一幅典雅的水墨画。在昆曲美妙的旋律中，船只向下一站驶去。

钞关

设立于运河等水路要冲或商品集散地的税收机构，主要职责是对过往船只征收商税和船税。钞关始设于明代。当时的京杭大运河是全国商品流通的交通主干道，全国八大钞关中有7个设在运河沿线，浒墅钞关就是其中之一，被称为运河上的"钱匣子"。

江苏 · 扬州

河水深，河道宽，船队航行得十分顺畅。快到扬州时，河道开始变得弯曲，白塔一会出现在左边，一会出现在右边。

"一夜造白塔"

相传，乾隆帝下江南时乘龙舟游览瘦西湖，觉得这里的风光很像北海，可惜缺一座白塔。当地的盐商闻言，派人连夜寻找材料、工匠，迅速建造了一座白塔。第二天，乾隆帝发现白塔已造好，不由得感叹道："扬州盐商之财力伟哉！"

扬州是全国有名的交通枢纽和货物集散地，运河两岸商铺、酒楼、戏园随处可见，码头上更是堆积着无数货物。当时，扬州还是全国的盐运中心，每年有超过十亿斤的海盐经过扬州，然后再沿大运河北上或沿长江转运至其他口岸。因此，当地的盐商富甲一方。

扬州盐商

盐商是明清时期政府特许的具有垄断食盐运销经营特权的食盐专卖商人。他们借此特权攫（jué）取了丰厚的利润，积累了巨额财富。有了雄厚的资本，盐商在扬州购地建宅。他们对优雅生活的追求还促进了园林建筑、戏曲艺术、淮扬美食及休闲文化的发展。盐商喜好字画，更是推动了清代扬州画派的发展。盐商的消费不仅带动了城市经济的发展，更为扬州的文化繁荣做出了重要贡献。

院部運漕督總

漕运总督署

明清时期，政府在淮安设立总管漕运事务的派出机构，派驻大批理漕官吏和卫漕兵丁。漕船到达淮安后，要统一接受漕运总督署的盘查。最高长官漕运总督负责管理、协调和监督漕运工作，以确保漕粮运输任务顺利完成。

我还记得漕运总督大人威严地望着我们的船队，我当时好紧张啊！

船队在扬州稍作整顿，就得继续赶路了。他们必须在规定时间内赶到下一站——淮安，因为所有沿着大运河北上的漕船都必须在淮安——接受漕运总督署的盘查。一旦发现漕粮有任何差错，许多官员都会受到责罚。

抵达淮安时已是农历二月，码头上随处可见漕军忙碌的身影。每天有无数的漕船、商船在这里停泊、转运，码头周围的驿站和旅店里挤满了人，百余家车厂、骡马厂、镖局生意火爆。

淮安

地处淮河、古黄河、京杭大运河的交汇处，地理位置尤为重要，被称为"运河之都"。明清时期，管理漕政的最高机构漕运总督署和管理运河河道的最高机构河道总督府都设立在淮安。这里还有当时全国最大的钞关——淮安钞关。

山东 · 济宁

过了淮安，就到了中国的北方了。船队继续行进，驶入会通河，来到山东境内。大运河的河水在这儿爬起了坡。听船上的官员说，这里是京杭大运河地势最高的地方——南旺镇。

会通河

京杭大运河中地势较高的关键航段，北至临清接卫河，南至济宁以南接泗（sì）水、黄河。为恢复大运河的航运，保证漕粮的顺利运输，明成祖朱棣命工部尚书宋礼主持疏浚会通河的工作。

明朝时，因黄河决堤，大量泥沙涌入会通河，导致这一河段一度无法通航。为疏浚河道，官员宋礼和一位叫白英的农民呕心沥血，主持修建了南旺枢纽，解决了会通河缺少水源、泥沙淤积的大问题。

白英

明初著名农民水利学家，家住汶河南岸的彩山村。他对运河两岸、大汶河沿岸的地形、河水流向特别熟悉，对这一带的历史也非常了解。他开创性地提出运河最高点不在济宁城区，而在城区西北 20 多公里外的南旺镇，在南旺镇建立分水枢纽才能从根本上解决会通河缺水断流的问题。白英老人因治河有功，被追封为"功漕神"。

宋礼

白英

离开南旺镇之后，远处的天空布满了乌黑的浓云，河面上掀起滔天的巨浪，船队的所有人都恐慌不已。

"是水妖来了！"讲到这里，小神兽激动了起来。

我从漕船上一跃而下，跳入河中，汹涌的洪流在我身上猛烈地冲刷。我学着爸爸的样子，双眼放出金色的光芒，把躲藏在河面下的水妖照得无处藏身。我深吸一口气，一口就把它吞进了肚子里！

还没等船上的人们回过神来，河面就恢复了平静。水妖不见了，乌云也渐渐散去，漕船终于又能继续前行了。

哇，你好厉害！

山东·临清

　　船队在运河途经的城市还会补充一些货物。行至山东临清时，大量的临清贡砖被装载到船上。

　　在临清，黄河泛滥导致运河沉积了大量的泥沙。这些泥沙非常细腻且无杂质，俗称"莲花土"，用这种土烧出的砖头坚硬无孔，用于皇家营建再合适不过了。每年，有数百万块临清贡砖沿着运河一路北上，被运往北京。

啊？砖头有什么稀奇的！

这你就不懂了吧，这可不是普通的砖头。

临清贡砖

临清贡砖的烧制工艺异常精湛，包括选土、碎土、澄泥、熟土、制坯、晾坯、验坯、装窑、焙烧、洇窑、出窑等18道工序。独特的"澄泥"工艺使极小极轻的杂质都能被排除，以保证砖坯的高纯度。烧制完成后，这些砖块必须经过严格的品检，然后用黄表纸精心封装，才能装载上船。正所谓"北京的城，临清的砖"，故宫、天坛、钟鼓楼等皇家建筑都是用临清贡砖筑成的。

在夕阳的余晖中，船队驶入天津。前方，有好多船只在三岔河口聚集，等待放行。

到了这里，我的心情也忍不住激动起来，因为我们离通州越来越近了。

三道浮桥

即盐关浮桥、钞关浮桥和西沽浮桥。浮桥由十几艘大船用铁索连接而成，上面铺着厚厚的木板，漂浮在水面上，供来往的行人和车马通行。浮桥一天中只在早晚各开一次放行船只，其余时间船只只能停泊在浮桥两侧的岸边等候。船上的人可以下船兜售货品，也可以在码头边的茶馆休息。

两道关

即钞关和盐关。其中，天津钞关因位于城北且规模宏大，被百姓称为"北大关"。北大关不仅负责收税，还需要查验各船私货。清朝规定每条漕船夹带私货的比例不得大于20%，而实际上各船夹带私货的规模都远远超过这个标准。夹带超重，会影响航行的安全。钞关的官员要逐船检验计量，核定货物种类、重量，并核定应纳税金。

所谓"九河下梢天津卫，三道浮桥两道关"，这里是漕运的"咽喉"要地。漕船到了这里，需要缴纳货银，等待浮桥开放，才能继续北上。

北京·张家湾

前方两岸蒲草茂盛，芦苇在风中摇荡。春雷在天上轰轰作响，春雨密密落下，潮湿的春风推着船只穿过水地，来到张家湾。

啊，这里堵船了！

张家湾

因元代万户侯张瑄自海上督运漕粮至此而得名。郭守敬主持开挖通惠河后，张家湾便成了京杭大运河北端起点重要的水陆交通枢纽和集散中心。这里商贾（gǔ）云集，漕运发达，被誉为"大运河第一码头"。

聚集在这里的船只更多了，一眼望不到尽头。这里的船桨比海里的鱼还多，船帆比山上的竹笋还多。

北京 · 通州

朝霞染红了通州城的城门，门外是一片碧绿的水泊。"出现了！燃灯塔终于出现了！"船上的人们集体欢呼。燃灯塔的出现意味着此次漕运接近尾声。在这里，不同的船只将停靠在不同的码头。

我们此行停靠在石坝码头，船只要在这里交付漕粮。

你们的船要停靠在哪里呢？

燃灯塔

这是一座砖木结构的实心密檐塔。建燃灯塔的初衷是祈愿河水安宁，保护两岸百姓免受水患之苦。同时，它也是运河上往来船只的航标。清代诗人王维珍曾以"一支塔影认通州"的诗句，形象地描绘了燃灯塔在运河交通中的重要地位。

船队顺利靠岸，所有人都为之兴奋。彼时已是农历三月，开河后第一批漕船到达通州后，"开漕节"也如期举行。

开漕节

据史料记载，明成祖朱棣迁都北京后，通惠河逐渐被泥沙淤塞。嘉靖帝派监察御史吴仲主持重修通惠河，使水运畅通无阻，漕船和各类船只可以直接驶到通州城。因此，通州的官民集资修建了一座吴公祠，用以祭拜和颂扬吴仲的伟大功德，并举办开漕节以示庆贺。

掌管漕运的官员们身着礼服齐聚在石坝码头，神色严肃地举行"祭坝"仪式。

礼毕，百姓们也开始了他们的庆祝仪式。一时间，运河两岸挤满了男女老幼，舞狮、杂耍、歌舞表演齐聚街头，锣鼓喧天，好不热闹。

市场上，各类商品琳琅满目，商贩们的吆喝声此起彼伏。酒楼茶馆也座无虚席，欢声笑语不断。

次日，晨光泛起，石坝码头上，挤满了等待验收漕粮的人们。各省督运漕粮的官员和船主正在大光楼前东奔西跑，忙着疏通打点。几千名脚夫也来到码头等待，他们三五聚集，随时准备开工。

他们在忙什么啊？

大光楼的老爷们一会儿就会来验收漕粮了。

大光楼

位于石坝码头旁，明清时期，这里既是漕船北上的终点站，又是漕船扬帆南下的始发地。北运的漕粮在此验收交付，故此楼也被称作"验粮楼"。

一通锣响后，坐粮厅的验粮官威风凛凛地来到漕船上，用验粮盘舀起一托盘米样，仔细地查看着。粮食干燥且纯净则视为合格，合格后的漕粮会一一过斛（hú）装袋，由脚夫们搬运上岸，再运至较小的驳船上，经通惠河驳运至北京城内的京仓进行存储。

坐粮厅

明清时期户部分设在通州的官署，职责包括核实漕粮数量、质量，监督漕运过程，确保漕粮安全运抵京城并妥善存储，以备宫廷及京师之需。

真美啊，我在天上时常去银河玩耍，这里和银河简直一模一样。

船队所载的漕粮顺利通过验收后，大部分漕粮被转送到驳船上向京城进发，还有两三艘较小的漕船直接载着漕粮驶入通惠河。

船队顺利地从永通桥穿过。那时正值月圆之夜，天空中挂着一轮高高的明月，它的光辉倾洒在宽阔的水面上。

永通桥

又称八里桥，始建于明代，是通惠河上唯一的大型石拱桥，因离通州老城八里远而得名。永通桥桥身是三孔石拱结构，南北绵延50米，东西横跨16米，中间孔高8.5米，船只经过无需落帆，因此有"八里桥不落桅"的美誉。桥面栏板上雕刻着33对形态各异的望柱石狮，每一对都刻画得栩栩如生。

67

数不清过了多少个桥洞，船队终于顺利到达北京城。沉甸甸的粮食被一包包地搬上岸后，随船官员奖励给船夫们一筐铜钱。

船夫们兴高采烈地分着铜钱，一枚铜钱从筐里掉出来，落在蛟蝮的脚上。船夫注意到一旁的蛟蝮，高兴地将这枚铜钱赏给了他。

蚣蝮回过神来，拿出同舟之前掉落的那枚铜钱，还给了他。同舟惊讶地望着手中的铜钱，感到有些难以置信。

这是我第一次见到的人间的钱！和你之前掉的那枚一模一样。

这是我爷爷送给我的宝贝，是我爷爷的爷爷的爷爷传下来的。

随后几天，蚣蝮拿着那枚铜钱，在北京城内的市集里逛了整整 3 天，也没舍得花掉。

后来，蛟蝾又跟着船队重新出发了，空空的船里装满了梨、枣、瓜、豆，船上的人准备在回杭州的途中沿路售卖这些特产。

再后来呢？

从杭州到北京，我跟着船队走了将近 4000 里，从北京回杭州，我又走了 4000 里。这样的 4000 里，我已经数不清走了多少回……

"再后来，大运河上的船越来越少，不再需要我护航了，我就化身为石兽，静静地守在万宁桥边。"说到这里，蛟蝾的神情有些落寞。

"舟舟——舟舟！"远处传来了几声呼喊。

原来是爷爷来了。同舟一晃神，眼前的蚣蝮已经消失不见，又变回趴在河岸边的石兽了。这是梦吗？

夕阳的余晖倾洒在粼粼的河面上，摇曳的杨柳也披上了金色的纱衣。爷爷牵着同舟的手，喊起了运河号子。而同舟的思绪早已飘到遥远的运河之上，和那只小神兽一起，驾着漕船乘风破浪……

现代中国大运河全图

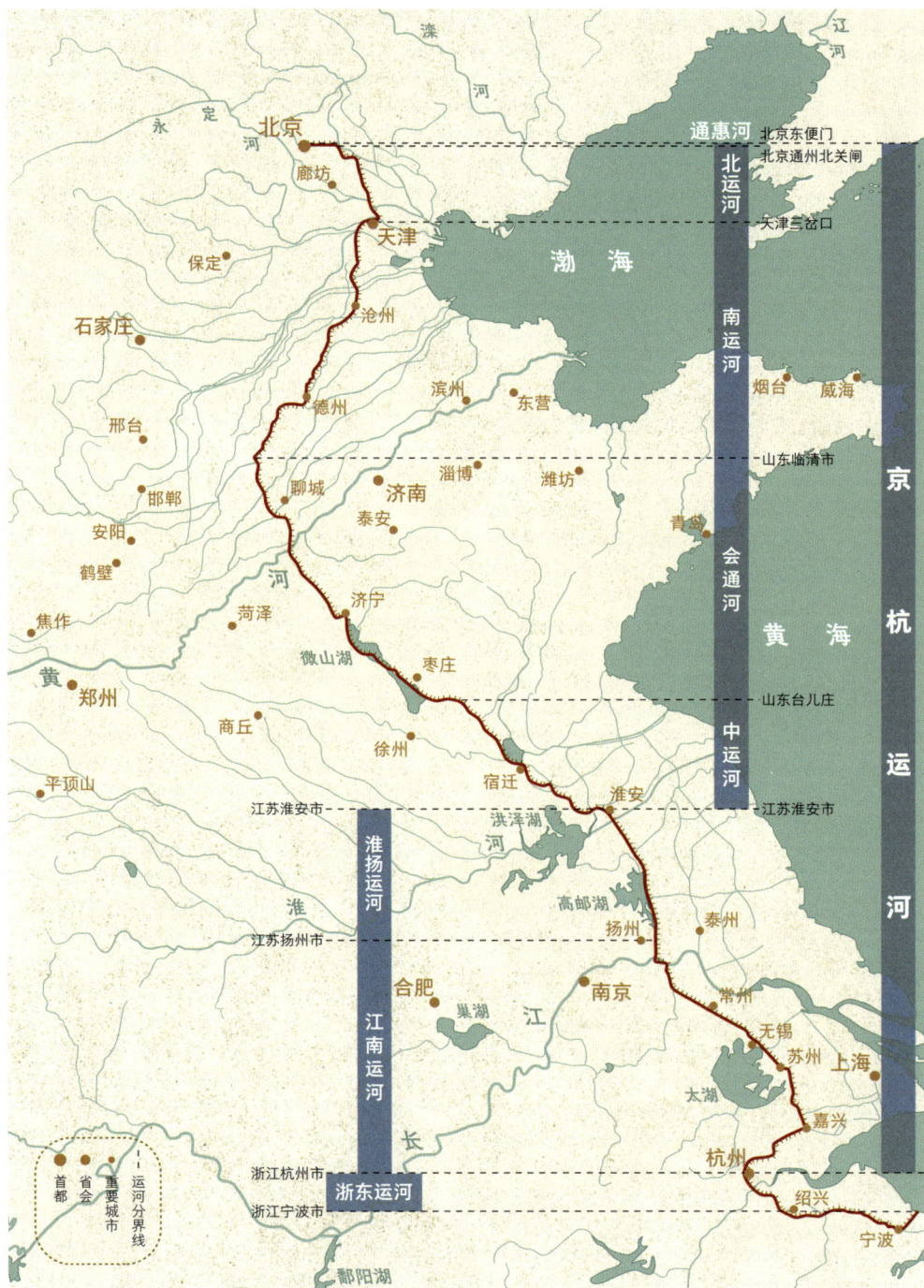

永定河 滦河 江河

北京

通惠河 北京东便门
北京通州北关闸

廊坊

北运河

天津三岔口

天津

保定

渤海

南运河

石家庄

沧州

邢台

德州

滨州

东营

烟台 威海

山东临清市

邯郸

聊城

济南

淄博

潍坊

京杭运河

安阳

泰安

青岛

鹤壁

河

会通河

焦作

菏泽

济宁

黄海

黄

郑州

微山湖

枣庄

山东台儿庄

商丘

徐州

江苏淮安市

宿迁

中运河

平顶山

淮安

江苏淮安市

洪泽湖

淮扬运河

淮

河

高邮湖

江苏扬州市

扬州

泰州

合肥

巢湖

南京

常州

江南运河

无锡

苏州 上海

江

太湖

嘉兴

长

浙江杭州市

杭州

浙东运河

绍兴

浙江宁波市

宁波

鄱阳湖

首都
省会
重要城市
运河分界线